LA CONFÉDÉRATION FRANÇAISE

PAR

PAUL DAVID,

licencié en droit.

> Restat ut omnes unum velint, qui modo habent aliquid non solum sapientiæ, sed etiam sanitatis.
> CICÉRON. *Pro Marcello.*

PÉRIGUEUX

IMPRIMERIE DUPONT ET Cⁱᵉ,

Rues Taillefer et des Farges.

1870

LA CONFÉDÉRATION FRANÇAISE.

Je propose une mesure, ou plutôt une sorte de constitution qui, assurant le maintien de toutes les libertés et entravant à jamais les tentatives des usurpateurs, aurait pour inévitable résultat d'asseoir enfin la République sur d'éternels fondements. Il ne suffit pas en effet de la proclamer ; il faut en outre la constituer fortement, si l'on veut lui donner une existence durable. Cette organisation est connue, et je n'ai pas la prétention d'innover. Elle a procuré à un grand peuple une force insurmontable et une prospérité à laquelle le monde entier porte envie ; par elle aussi une des plus petites nations de l'Europe a pu conserver sa liberté intérieure et à l'extérieur une glorieuse indépendance.

Les États-Unis et la Suisse sont deux modèles à suivre ; car on chercherait inutilement ailleurs, poussée à un plus haut degré, l'union bienfaisante et civilisatrice de l'ordre, qui est la fortune publique, et de la libérté, qui est la force des peuples.

Cette idée rencontrera, je le sais, une foule de détracteurs. Les Girondins sont morts pour avoir tenté de la mettre en pratique, et cependant, s'ils avaient réussi, la France n'aurait eu à souffrir ni de la faiblesse du Directoire, ni des guerres du premier Empire, ni du milliard des émigrés, ni des turpitudes du second Empire si lâchement tombé, ni enfin du douloureux fléau de l'invasion. Je m'attends donc à de violentes attaques, et je sais d'avance d'où elles partiront. Une constitution qui morcèle les partis monarchiques des diverses nuances et tend par suite à briser leurs efforts, ne saurait trouver grâce devant leurs yeux. Une organisation qui simplifie la bureaucratie et rejette d'inutiles employés dans la vie du travail et de l'industrie, doit évidemment se heurter contre une redoutable opposition. La séparation complète, absolue de l'Église et de l'État soulèvera le clergé catholique, qui ne pourra plus puiser d'une main dans les coffres publics et de l'autre dans la bourse des fidèles. Enfin, combien y a-t-il de ces hommes craintifs qui redoutent toute innovation, ne voient l'avenir qu'à travers le passé, et n'osent pas s'élancer hardiment dans la voie du progrès! Pour ces vieillards maniaques dont il ne faut pas troubler la profonde léthargie, pour ces hommes pusillanimes, tout ce qui dépasse le cercle étroit de leur expérience est imprudent, téméraire, insensé ; ils ont toujours sur les lèvres la plainte du poète romain :

> Ætas parentum, pejor avis, tulit
> Nos nequiores, mox daturos
> Progeniem vitiosiorem (1).

Quant aux hommes de cœur qui aiment sincèrement la République et s'attachent de tout leur dévouement et de toute leur énergie au glorieux drapeau de l'ordre, de la liberté et de l'indépendance, c'est leur suffrage que je recherche, et je serais fier d'obtenir leur adhésion. J'ose espérer atteindre ce but en démontrant non-seulement que cette organisation est possible, mais aussi qu'elle est nécessaire et au maintien de la République et au développement d'une prospérité fortement ébranlée par vingt années de déprédations et par les malheurs de la guerre.

Personne n'a encore oublié la remarquable discussion qui s'éleva au corps législatif au sujet du pouvoir constituant, entre l'honorable M. Gambetta et le fils de Démosthènes Ollivier. Ce dernier reprochait à l'éminent orateur de la gauche d'appartenir à l'école philosophique. Vos doctrines, lui disait-il, sont brillantes, mais elles reposent sur des principes vagues et incertains, et votre système n'offre aucune garantie de stabilité. C'est que vous négligez les enseignements de l'histoire, qui seule peut vous montrer les véritables as-

---

(1) Nos pères plus corrompus que leurs pères ont engendré notre génération plus corrompue que la leur et nos fils vaudront moins que nous.

pirations du pays. Or, la France n'est pas républicaine ; elle est monarchique ; son passé tout entier le prouve et l'atteste. Tel était en substance le langage du ministre de Napoléon : il fut bruyamment applaudi ; je ne m'en étonne pas, mais il me semble que c'était bien à tort.

De ce que la monarchie s'est fondée avec le secours des communes en écrasant le régime plus oppresseur encore de la féodalité, de ce que la royauté a pu se maintenir pendant plusieurs siècles, de ce que deux tentatives de République ont échoué pour aboutir au plus affreux despotisme, il ne s'ensuit pas que la France soit monarchique. Le soutenir, c'est prendre l'effet pour la cause, c'est conclure du fait au droit. Il me serait facile de démontrer que la révolution communale des XIIe et XIIIe siècles avait sa source dans une idée républicaine ; il me suffira, je pense, de citer l'opinion d'un historien illustre, M. Augustin Thierry, le savant apologiste du Tiers-État. « On peut, dit-il,
» rencontrer de notables différences dans ce qui eut
» lieu sur telle ou telle portion du pays ; mais il est cer-
» tain que partout le régime municipal devint démocra-
» tique en principe, quoique ses formes demeurassent
» plus ou moins aristocratiques ; ce principe nouveau y
» resta dès lors déposé comme un germe fécond et fut le
» ressort le plus puissant de la révolution du XIIe
» siècle. » (*Considérations sur l'histoire de France*, ch. V). Mais, pris entre la féodalité qui cherchait à l'arrêter et la royauté qui ne le favorisait qu'à la condition de s'en servir, ce grand mouvement, forcé de se détourner de sa voie primitive, dut fatalement avorter. Si la

royauté a eu une aussi longue existence, c'est qu'elle détruisait la puissance seigneuriale ; mais quand, satisfaite de son œuvre, lorsque renonçant à poursuivre l'idée démocratique, elle voulut maintenir les priviléges de la noblesse, la nation entière se souleva et fonda l'égalité civile, qui est la base de l'organisation républicaine.

Je n'ai pas à entrer ici dans de plus longs détails historiques, et ce rapide exposé me paraît suffisant pour établir que la nation française, issue d'une profonde barbarie, n'a jamais cessé de marcher vers le sublime idéal de la liberté. Ses voies ont été, suivant les circonstances, droites ou détournées ; mais le mouvement n'en a pas moins été constant et invariable. La monarchie de droit divin est tombée à jamais ; son œuvre est faite ; elle n'a plus sa raison d'être. Le régime constitutionnel et parlementaire ne saurait durer non plus ; c'est un système bâtard qui limite trop la liberté et couve toujours le despotisme. Que reste-t-il donc? La République. Voilà, ce me semble, les véritables enseignements de notre histoire. Oui, je le répète, soutenir que la France est monarchique, c'est prendre l'effet pour la cause, c'est nier la loi du progrès et de la perfectibilité humaine.

Mais si la République est le terme inévitable de nos révolutions, le dernier mot de nos institutions politiques, pourquoi donc a-t-elle échoué à deux reprises différentes? Qui n'a pas entendu soulever cette objection ; que de fois a-t-elle été formulée, non-seulement dans les conversations du foyer, mais même au sein des chambres législatives? Voici ma réponse ; je la trouve

dans Montesquieu. « Si une République est petite, dit-
» il, elle est détruite par une force étrangère : si elle
» est grande, elle se détruit par un vice intérieur.
» .... Le mal est dans la chose même; il n'y a au-
» cune forme qui puisse y remédier. Ainsi il y a
» grande apparence que les hommes auraient été à la
» fin obligés de vivre toujours sous le gouvernement
» d'un seul, s'ils n'avaient imaginé une manière de cons-
» titution qui a tous les avantages intérieurs du gou-
» vernement républicain et la force extérieure du mo-
» narchique. Je parle de la République fédérative. »
(*Montesquieu*, liv. IX, ch. Ier). On ne reprochera pas,
je pense, à l'éminent auteur dans lequel je puise ce
passage, d'être un pur théoricien, dénué du sens pratique ; s'il fut un grand philosophe, il fut aussi un
grand magistrat.

L'histoire de nos deux Républiques donne au senti-
ment de Montesquieu une éclatante confirmation. La
constitution de 1793 proclamait la République, mais
elle ne l'instituait pas ; elle contenait en effet un vice
intérieur qui la rongeait et l'épuisait chaque jour. Des
pouvoirs qui doivent être séparés et distincts se trou-
vaient confondus. La Convention tenait entre ses mains
le pouvoir législatif, le pouvoir exécutif et souvent
même elle usurpa la puissance judiciaire ; or, que ce
soit un homme ou une assemblée qui accapare tous ces
pouvoirs, par le seul fait qu'ils sont réunis en une seule
main, il y a despotisme, et celui de la Convention fut
terrible. Le principe du gouvernement despotique, dit
encore Montesquieu, est la crainte ; sous la convention
nous eûmes la Terreur. Mais tout cela se faisait au nom

de la liberté, et à ce nom sacré la multitude suivait en aveugle ; en même temps qu'elle commettait de grands crimes, elle faisait des choses héroïques et se couvrait de gloire en repoussant l'invasion.

En 1848, les trois pouvoirs furent séparés ; mais le pouvoir exécutif eut la plus grande part de puissance, et la chambre trop faible ne put pas soutenir la lutte. Or, que l'on ne s'y trompe pas, c'est l'unité d'administration sur une grande étendue de territoire et sur une nombreuse population, qui fut, en 1793 comme en 1848, l'origine du vice destructeur qui perdit la République. C'est qu'en effet, avec l'unité administrative, il faut nécessairement qu'un des pouvoirs prime les deux autres pour en assurer le fonctionnement régulier ; de là des luttes sourdes, qui aboutissent enfin au triomphe et à la domination du plus fort. C'est un état maladif, dangereux pour l'organisation politique du pays et dangereux aussi pour les intérêts privés. D'ailleurs l'unité dans l'administration a pour inévitable corollaire l'unité et la condensation des partis. Leur travail dans l'ombre amène un malaise général, et lorsqu'ils se sentent assez forts, ils lèvent la tête et font éclater les plus cruels désordres ; puis viennent les représailles, qui achèvent l'œuvre de discorde, et la nation, abreuvée de son propre sang, épuisée des coups qu'elle se porte, s'affaisse et se livre au tyran qui s'en empare. Aussi longtemps qu'avec ses instincts de liberté, la France restera soumise à l'unité et à la centralisation administratives, elle tournera inévitablement dans ce cercle de sang et de tyrannie. Sachons donc profiter des leçons de l'expérience. N'ouvrons plus la porte aux usurpateurs ; nous verrions surgir des Napoléon, car, n'en doutons point, il y a encore en France des hommes capables de se parjurer et de violer le serment prêté sur l'autel de la patrie. Ayons enfin la force de nous séparer dans l'administration pour nous unir dans une pensée commune, la gloire de la France et la liberté du citoyen.

Une autre conséquence de l'unité administrative dont la gravité n'échappera à personne, c'est de réduire la représentation nationale à sa plus faible expression. Rien ne saurait prouver plus clairement combien elle est anti-républicaine, et ce seul défaut devrait l'exclure à jamais de toute institution démocratique. Qui peut, en effet, sérieusement soutenir que huit cents députés soient moins insuffisants que les deux cents du régime déchu ? Pourquoi un député par cinquante mille électeurs plutôt que par quarante ou soixante mille ? Quelle est la raison de ce chiffre ? Qu'est-ce que l'un a de plus satisfaisant, de plus rationnel, de plus équitable que les deux autres ? Voilà donc une représentation nationale qui ne repose sur aucune donnée sérieuse, sur aucun principe justifiable ! J'ajoute qu'on ne peut pas l'élever au-dessus de huit cents membres, si l'on veut ménager la fortune publique, et qu'en l'abaissant au-dessous, on diminue par là même sa puissance et son autorité. J'avais donc raison de dire que le système unitaire contenait encore un vice capital, celui de restreindre la représentation du pays et de la resserrer dans des limites trop étroites.

J'ai démontré que la centralisation administrative a été l'écueil de nos deux Républiques ; j'ajoute qu'elle produira toujours le même effet, et voici pourquoi. Remarquons d'abord qu'elle ne peut se concevoir que dans un pays d'une vaste étendue, tandis que le fonctionnement des institutions républicaines demande un territoire restreint. D'autre part, centraliser, c'est créer un pouvoir moteur. Ce pouvoir doit disposer non-seulement de la force publique, mais aussi des récompenses et des honneurs, sans quoi il manquerait du ressort nécessaire à son action. Il ne doit pas être partagé ; différemment l'État, soumis à des impulsions diverses, ne tarderait pas à chanceler et à succomber. Enfin, toujours invisible et présent, il trouve une nouvelle puissance dans son éloignement des populations et dans le prestige de la force. Or, je le demande, n'est-ce pas sur ces idées, sur ces principes que les monarchies sont constituées ? Ainsi la centralisation n'est pas seulement une institution monarchique ; elle est la base même et le fondement de la monarchie : c'est grâce à elle qu'un de nos rois a pu dire : L'État, c'est moi. Mais s'il est vrai que chaque gouvernement a une nature et des principes qui lui sont propres et sans lesquels il porte un nom d'emprunt, il faut à la République une structure particulière ; en un mot, donner à une constitution monarchique le nom de République, ce n'est pas faire une République ; c'est préparer une monarchie. Il y a donc incompatibilité complète entre ces deux idées : *Centralisation* et *République*. Le système de la confédération est le contre-pied de la centralisation. Loin d'être en désaccord avec la nature et les principes du gouvernement républicain, il s'y prête admirablement et le favorise même ; pourquoi donc hésiterions-nous à l'adopter ?

Je ne dis pas de copier servilement la constitution des États-Unis ni celle de la Suisse. Je sais que chaque peuple a des mœurs, des instincts dont il faut tenir compte ; aussi me bornerai-je à tracer une légère esquisse de cette organisation, abandonnant volontiers mon travail à la nation et à l'assemblée constituante. Les appréciations de l'opinion publique féconderont ma pensée, et si elle trouve un écho parmi nos législateurs, elle prendra sa dernière forme dans la discussion et le travail d'hommes éclairés. Voici donc quel serait le fonds de mon idée :

1° Convertir chacun de nos départements en une petite République s'administrant elle-même ;

2° Les unir entre eux par une constitution qui, les protégeant contre toute attaque, soit extérieure, soit intérieure, aurait par là même le pouvoir de régler les bases de l'union et d'en assurer le maintien ;

3° Répartir entre chaque département ou République la dette et la fortune publique dans la double proportion de la population et du revenu ;

4° Un conseil départemental élu, composé d'un membre par chaque canton, discuterait le budget et ferait les lois d'intérêt départemental et toutes celles qui auraient trait au fonctionnement des services publics ;

5° Un président, également élu à temps, aurait dans chaque département la surveillance de ce fonctionnement. Toutes instructions seraient soumises au président ainsi qu'aux secrétaires du conseil départemental. Cette commission n'aurait pas le droit de veto, mais elle en référerait plus tard au conseil réuni ;

6° Élection d'un parlement fédéral ;

7° Élection d'un président de la Confédération. Comme ceux des départements il devra être responsable ; mais, comme eux, il ne pourra être mis en accusation qu'à l'expiration de son mandat ;

8° Les frais d'administration générale de l'union seraient prélevés chaque année sur chacun des budgets départementaux ;

9° Extension du jury à toutes les affaires judiciaires, civiles ou criminelles pour l'examen des questions de fait ;

10° Maintien du suffrage universel ;

11° Instruction primaire gratuite et obligatoire plus étendue qu'elle n'est aujourd'hui et sévèrement surveillée ;

12° Séparation absolue de l'Église et de l'État, mais en même temps liberté de conscience. Le clergé, libre et respecté, serait payé par les fidèles, qui auraient la faculté de s'associer.

Tel est dans son ensemble le fonds de ce système. Arrêter les usurpateurs en supprimant leur point d'appui, séparer les pouvoirs exécutif, législatif et judiciaire sans que l'un puisse jamais absorber l'autre, étendre autant que possible la représentation nationale, animer chaque citoyen du souffle de la vie politique, démocratiser enfin l'administration de la justice, n'est-ce pas élever, fortifier chez nous le sens moral et donner à la République son expression la plus pure ? Que sera-ce donc si la constitution fédérale possède en outre l'avantage de favoriser le développement de la prospérité publique ?

J'ignore où en sont exactement les finances de l'État; mais je doute qu'après vingt ans de dilapidations elles puissent être bien florissantes ; or, je ne connais pas de système plus avantageux pour y rétablir l'ordre nécessaire. Qu'on me permette ici une comparaison. C'est un fait reconnu que plus une propriété est petite, plus sa production est relativement forte. Cela tient à ce que les frais sont moindres et les soins plus grands. Il en serait ainsi de nos départements lorsqu'ils s'administreraient eux-mêmes. D'une part, chaque petite République n'hésiterait pas à payer par des sacrifices passagers le bienfait d'une liberté durable, et, d'autre part, que d'économies à réaliser, sans compter la liste civile et ces appointements fantaisistes par lesquels le despotisme achète et paie le dévouement de ses créatures ! La suppression d'une foule d'employés rentrant dans la production directe et se créant des ressources par le travail et l'industrie, la vente des forêts de l'État devenues forêts départementales sur les points où le défrichement en serait facile et rémunérateur, le desséchement des marais qui ajouterait à la France la superficie d'un vaste département, la séparation de l'Église et de l'Etat supprimant le budget du culte ; quels puissants éléments de la prospérité publique ! En un mot, la liberté porterait ses fruits et l'instruction féconderait le travail.

Enfin, il est un problème financier correspondant à une injustice flagrante que l'organisation fédérale élude et tourne, si elle ne le résout pas. On sait que les évaluations cadastrales ont été faites dans les différents départements par des commissions différentes. Il n'y a pas eu de commune mesure pour toute la France, en sorte que l'estimation des différentes classes et le classement lui-même ne se correspondent pas d'un département à l'autre Il en résulte que la répartition frappe les uns plus durement que les autres. Les économistes s'en sont préoccupés, mais le problème de la *péréquation de l'impôt* est, jusqu'à ce jour, resté insoluble. Je n'ai pas besoin d'insister pour montrer que l'organisation fédérale par départements trancherait la difficulté pour l'avenir.

Je m'arrête à ce dernier aperçu. Je ne prétends pas que mon travail soit complet, ni que ma pensée soit la meilleure, mais je prie et je supplie les membres de la future Constituante de nommer une commission, chargée d'étudier la constitution Suisse, ainsi que celle des États-Unis, et d'examiner s'il ne serait pas, comme je le pense, avantageux et au pays et à la République d'être constitués sur des bases analogues. S'il en est ainsi, si ma raison n'égare pas mon amour pour la patrie, je souhaite ardemment que l'idée d'une confédération française puisse se répandre et germer dans tous les cœurs. Je sais que c'est une grande révolution, mais elle serait calme et grandiose ; d'abord parce que nos divisions administratives ont préparé ce changement, ensuite parce que la nation, maîtresse d'elle-même et à la hauteur de son rôle, s'élancerait sans hésiter vers un avenir si brillant d'ordre, d'indépendance et de liberté. Je termine enfin en rendant un sincère hommage à ces hommes courageux qui ont pris en mains la fortune de la France et commencé l'œuvre de notre régénération. Ils auront justement acquis le titre de pères de la patrie, et les générations futures leur consacreront un impérissable souvenir. Puissent-ils réussir dans leur entreprise, puissent-ils voir refouler les hordes barbares qui souillent notre sol et se reposer ensuite, pleins de gloire, sur le sein de la patrie sauvée et reconnaissante.

www.ingramcontent.com/pod-product-compliance
Lightning Source LLC
Chambersburg PA
CBHW061622040426

42450CB00010B/2611